Ilustraciones:
Carlos Busquets Busquets · Barcelona

Pol. Lintzirin-Gaina, Parcela B-3
20180 OYARZUN (Guipúzcoa) ESPAÑA
www.edicionessaldana.com

EL LOBO Y LAS 7 CABRITAS

Mamá Cabra y sus 7 cabritillas vivían en una hermosa casa. Les gustaba jugar en medio del bosque, pero debían de tener mucho cuidado, porque por allí rondaba el lobo y siempre estaba al acecho. “¡No os alejéis!”, decía Mamá Cabra.

Un día que Mamá cabra salió de casa advirtió a sus hijas. “Entrad en casa y cerrad la puerta. No se os ocurra abrid a nadie hasta que yo vuelva”.
“No, mamá!”, contestaron todas.
El lobo había visto y oído todo y pensó que debía aprovechar aquella oportunidad.

El lobo, que había ideado un plan, se acercó y tocó la puerta con mucha suavidad. “¿Quién es?”, preguntaron las cabritillas. “¡Soy yo, vuestra madre, abrid!”, dijo el malvado lobo, pensando que podría engañar a los cabritos.

"Tú no eres nuestra madre", gritaron los cabritillas. "Tienes la voz demasiado ronca". ¡Tú eres el lobo! ¡Fuera de aquí!", decían mientras sujetaban la puerta con todas sus fuerzas. Una de ellas cogió una escoba por si había que ahuyentar al lobo.

El lobo no quiso rendirse. Se acercó hasta una granja e intentó robar unos huevos del gallinero. Así podría aclarar su voz, pero el granjero salió en defensa de sus gallinas. “¡Aquí no queremos ladrones!”, gritó mientras atizaba al lobo.

No conforme el lobo de su fracaso, se dirigió a un cercano molino. Metió las manos dentro de un montón de harina y consiguió blanquear sus manazas. “Así creerán que estas blancas manos son de su madre y me abrirán la puerta”, pensó con astucia.

El lobo volvió a casa de las cabritillas dispuesto a darse el gran banquete. Tocó la puerta y cuando las cabritillas abrieron un poco para ver quién era, el lobo enseñó su blanca mano. “¡Es nuestra madre!”, gritaron todos confiados, “¡Ha vuelto!”

Pero la confianza les perdió. El lobo aprovechó para derribar la puerta, que ya estaba entreabierta, de una sola patada. Las cabritillas, aterrorizados al descubrir al lobo, empezaron a correr por toda la casa. ¡Querían escapar!

"¡Os comeré a todos!", gritaba el lobo.

Intentaron huir y esconderse pero nada pudieron hacer. El lobo fue tragándose a todas las cabritillas una tras otra. La única que se salvó fue la más pequeña, que logró esconderse dentro de la estufa sin que el lobo la descubriera.

Cuando llegó Mamá Cabra y vio toda la casa destrozada se temió lo peor. “¿Dónde están mis hijitas?”, lloró angustiada. Desde dentro de la estufa salió la más pequeña y le explicó lo que había pasado. “¡El lobo se las ha comido!”, decía una y otra vez.

Mamá Cabra y la más pequeña de las cabritillas siguieron la pista del lobo. “¡Ya sé lo que voy a hacer!”, dijo Mamá Cabra mientras cogía la cesta de la costura. “Esto servirá para acabar de una vez por todas con el lobo”, añadió.

Encontraron al lobo durmiendo bajo un árbol. Mamá Cabra sacó las tijeras y abrió la barriga del lobo. Todas las cabritillas salieron brincando. Llenaron de piedras la barriga del lobo y Mamá Cabra lo cosió todo. EL lobo, al despertar, sintió sed y al acercarse al río a beber agua, el peso de las piedras pudo con él y se ahogó.

EL PECECILLO DE ORO

Un pobre pescador vivía al borde de los acantilados, en una vieja y pequeña cabaña. Su esposa siempre estaba de mal humor y no paraba de regañarlo.“¡A ver si esta vez traes algo de comer!”, le dijo cuando salió a pescar, como lo hacía todas las mañanas.

Se sentó al borde del mar, sobre las rocas. Nada más echar el anzuelo un hermoso pez quedó atrapado en él. ¡Aquél iba a ser su día de suerte! "Esta vez mi esposa quedará satisfecha", pensó el pescador. Era, en verdad, el pez más hermoso que había visto nunca, parecía de oro.

Cuando se dispuso a quitarle el anzuelo, para su asombro, el pez le habló: “Apiádate de mí, buen hombre. Soy un pez muy especial. Puedo hacer que tus deseos se cumplan. Si me dejas libre lo podrás comprobar. Siempre estaré dispuesto a ayudarte”.

El pescador sintió tanta pena por aquel hermoso pez que lo devolvió al mar. Jamás pensó en las palabras del pez y lo despidió como a un amigo. “No te arrepentirás de haberme dejado el libertad”, gritó el pez mientras se zambullía en el mar.

El hombre siguió pescando, pero ya no consiguió nada tan hermoso. Tuvo que volver a casa con tres pescaditos pequeños. “¡Vaya birria de comida que traes hoy!”, gritó la esposa muy enfadada. “¡Pero si con esto tenemos suficiente!”, le contestó el pescador y le contó lo que le había pasado con aquel pez de color dorado.

La mujer quiso aprovechar aquella oportunidad. “Ve corriendo, busca ese enorme pez dorado y exígele una buena casa y que jamás nos falte comida”, le dijo al buen pescador de tan malas maneras que el hombre no tuvo más remedio que salir corriendo de casa.

El buen hombre volvió al acantilado y el hermoso pez acudió a su llamada. “¡Pídeme lo que quieras! Te debo la vida”, le dijo el pez. “Mi mujer quiere comida y una buena casa para vivir en ella. ¿Puedes concederme ese deseo?”, le preguntó el pescador.

Cuando volvió a su casa, comprobó que el pez había cumplido su promesa. Tenía una hermosa casa y no les faltaba la comida. ¡Incluso tenían criados para servirles y recogerles la mesa! Aquello era más de lo que había soñado el pobre pescador.

Pero a su mujer aquello le pareció poco y quiso más. No se conformó con una hermosa casa, ni con la comida, ni con los criados. “Vuelve a exigirle a ese pez un palacio donde yo sea la reina. Quiero que me dé lo que merezco”, dijo la Mujer.

El buen pescador volvió muy asustado al acantilado. Jamás había visto así a su mujer. LLamó al pez y le contó lo que su esposa le había exigido. “No te preocupes, buen hombre”, le dijo el pez, “Tu mujer tendrá lo que verdaderamente merece. Vuelve a casa.”

El pescador volvió a casa y encontró la misma casa vieja de antes. Su mujer no dejaba de exclamar: “¿Qué ha pasado? Ya no tenemos esa hermosa casa. ¡Volvemos a ser pobres!”. El hombre empezó a comprender las palabras del pez dorado.

Su mujer estaba llorando delante de la puerta. Le explicó que el pez le había dicho que le iba a dar lo que se merecía. La mujer tuvo que comprender que su ambición la había perdido. “No llores, mujer. Volveremos a ser felices con lo poco que tenemos”, le dijo.

TRES AMIGOS Y EL LOBO

Tres amigos decidieron construir sus propias casas. Ya eran mayorcitos y cada uno debía vivir su vida. El ratón, el más vago de todos, la construyó de paja; el conejo decidió emplear madera y el tejón, el más laborioso de todos, la hizo de ladrillo y piedra.

El ratón estaba loco de contento. Fue el primero en terminar su casita y podría pasar el resto del día jugando. Pero su alegría se esfumó en cuanto vio acercarse al lobo. Parecía tener mucha hambre y el ratón tuvo que refugiarse en su casita de paja.

En cuanto el ratón oyó los gritos del lobo acercándose, empezó a temblar de miedo. “¡Sal de ahí o derribaré tu casa de un soplo!”, dijo el lobo. Y así lo hizo. Respiró hondo y la casita de paja que había construido el ratón salió volando.

El ratón, desvalido y aterrorizado, corrió hasta la casa de su amigo el conejo. La casa de madera del conejo parecía más fuerte y pensó que le salvaría del hambriento lobo. “¡Socorro! ¡Que viene el lobo! Escondámonos en tu casa”, dijo el ratón.

“¡Qué atracón me voy a dar!”, gritaba el lobo mientras se dirigía hacia la casa del conejo. “Entra rápido y cerraremos la puerta. El lobo no podrá derribar esta casa”, dijo el confiado conejo.

Pero la casita de madera tampoco pudo con la fuerza del lobo. “¡Abrid la puerta, o derribaré también esta casa!”, decía el lobo una y otra vez. Respiró más hondo esta vez y sopló tan fuerte que la madera cedió y la casa del conejo se vino abajo.

“¡Esta vez os he pillado! ¡No podréis escapar!”, dijo el lobo lleno de júbilo. “No hay casa que se resista a mi fuerza”, añadió con orgullo. Abrió el saco y metió en él al ratón y al conejo para darse un buen banquete más tarde.

No contento con el banquete que había preparado, fue a casa del tejón. Pensó que podía ser un buen postre y se dispuso a derribar la casa de piedra. Pero el tejón había construido su casa con mucho esmero y era demasiado fuerte. El lobo sopló y sopló, pero de nada le sirvió.

El lobo no quería rendirse. Aunque aquella casa resistiera sus fuertes soplos debía de haber alguna forma de entrar en ella. Miró a lo alto y vio la chimenea. “¡Eso es! Me deslizaré por ella y así atraparé al tejón!”, pensó con astucia.

Pero el tejón, adivinando las malas intenciones del lobo, había encendido un buen fuego y puso agua a hervir dentro de una enorme olla. El lobo, que bajaba por la chimenea, cayó directamente en la olla y sintió cómo se le quemaba todo el cuerpo.

Al sentir que le ardía el trasero y el resto del cuerpo, el lobo salió corriendo casi tan rápido como el viento. Sólo pensaba en huir de allí y se olvidó de recoger el saco donde había metido al ratón y al conejo. ¡Su banquete se había esfumado!

El tejón se apresuró a liberar a sus amigos. Todos vieron cómo el lobo se alejaba corriendo aullando de dolor. No volvieron a ver a aquel malvado lobo gracias al trabajo del tejón. Su fuerte y robusta casa les había salvado de las fauces del lobo.

LOS DUENDECILLOS

En un frondoso bosque se encontraba un alegre pueblecito. Todos parecían vivir en paz. Pero en cuanto oscurecía el pueblo se llenaba de seres extraños. Nadie sabía que por la noche rondaban por allí unos duendecillos dispuestos a trabajar.

En cuanto llegaban los duendecillos empezaban a limpiar los alrededores. “¡La limpieza es elemental!”, decían. Barrían el suelo y recogían las hojas secas que habían caído de los árboles. Las apilaban en un carro y tiraban de él.

Los duendecillos eran muy hábiles y sabían hacer de todo. Su mayor afición era el trabajo y se esmeraban en todo lo que hacían. Mientras uno arreglaba la verja, el otro reconstruía la chimenea. Trabajaban en silencio y nadie en el pueblo sabía nada de ellos.

Los duendecillos trabajaban sin parar. Se dedicaban a terminar todo el trabajo que habían dejado los habitantes del pueblo "para el día siguiente". No dejaban nada por hacer y a medianoche pasaban por la carpintería.

En el huerto se esmeraban mucho. Siempre había algo que hacer. Había que regar y recoger las hortalizas. De vez en cuando removían la tierra para que las lechugas y las zanahorias crecieran más hermosas. Y las hortalizas parecían agradecérselo.

Lo que más les gustaba era amasar el pan y hornearlo. También se encargaban de hacer bollos y pastelitos para que los habitantes del pueblo saborearan su comida. “¡Nada mejor que un buen desayuno para empezar bien el día!”, pensaban.

No olvidaban que aquel pueblo estaba lleno de gandules. El sastre era el más gandul de todos los habitantes y siempre tenía trabajo para hacer. Los duendecillos, por la noche, cosían y remataban todos los trajes.

Un día Trini, Mari y Lupe se despertaron antes de lo habitual. Oyeron voces, y se asomaron a las ventanas. ¡No podían creer lo que estaban viendo! Descubrieron a los duendecillos que caminaban deprisa de un lado a otro del pueblo.

Sorprendidas al ver a los duendecillos, salieron de sus casas y les preguntaron: "¿Qué es lo que estáis haciendo?" Entonces supieron que los verdaderos trabajadores eran ellos, que eran ellos los que terminaban todas las tareas que habían dejado sus maridos "para el día siguiente".

Enfadadas como nunca lo habían estado, regañaron a sus maridos por no terminar los trabajos y dejar que los duendecillos lo hicieran. “No debéis dejar para mañana lo que podáis hacer hoy”, decían una y otra vez los duendecillos.

Aquel día los habitantes del pueblo madrugaron como nunca para empezar a trabajar cuanto antes. Los duendecillos se sintieron satisfechos. ¡Habían dado una buena lección a todos los habitantes!

Todos comprendieron que debían trabajar duro si querían seguir siendo un pueblo feliz. Aquel era su pueblo y suya era la obligación de trabajar para mantener la alegría y la tranquilidad de todos.

EL CAZAGIGANTES

Tom era un laborioso sastrecillo que apenas salía de su taller de costura. Un buen día tuvo que ingeniárselas para acabar con las moscas que le importunaban. Esperó a que se posaran todas sobre la mesa y acabó con ellas de un certero golpe.

Tom jamás se enteraba de nada de lo que sucedía en el pueblo. Vivía inmerso en su trabajo y no oyó al pregonero que decía: “Este feroz gigante se acerca a nuestro pueblo. El rey ofrece la mano de su hija, la princesa a quien acabe con él de una vez por todas”.

Tom el sastrecillo empezó a gritar eufórico desde la ventana. “¡Al fin he conseguido acabar con todos! Hoy han caído siete de un solo golpe”. La gente escuchó con asombro las palabras de Tom y entendieron que él solito podía acabar con el gigante.

Nadie había entendido lo que quiso decir el sastrecillo y todos quisieron ver en él al salvador, al que acabaría con el gigante. Sin saber cómo, Tom fue llevado a presencia del rey que le ordenó capturar al gigante. “Confiamos en ti y esperamos que no nos defraudes”, había dicho el soberano.

El sastrecillo cogió unas tijeras y un carrete de hilo, las única herramientas que conocía y se dirigió al bosque a buscar al gigante. Todos en el castillo observaron su marcha y le desearon buena suerte. “¿Cómo podré capturar al gigante?”, se preguntaba una y otra vez Tom.

Iba paseando por el bosque cuando tropezó con el gigante que acababa de despertarse. “¿Cómo has osado despertarme?”, gritó enojado el gigante. “Odio que me despierten cuando estoy echando la siesta”, añadió el gigante y empezó a correr.

En cuanto Tom vio al gigante se quedó paralizado. ¡Era más alto que los árboles y más fuerte que las rocas! No dudó en empezar a correr para poder salvarse de la ira del gigante. Atravesó el bosque y llegó a una cabaña con la intención de esconderse.

Pero el gigante lo perseguía y cada vez estaba más cerca. Destrozó de una pisada la cabaña y arrancó de cuajo un árbol. “Como no se me ocurra algo pronto me alcanzará”, pensó el sastrecillo mientras corría y comprobaba cuán fuerte era el gigante.

Metió la mano en el bolsillo y sacó el carrete de hilo y las tijeras. Anudó el hilo a toda prisa entre dos troncos y en cuanto el gigante pasó por allí tiró fuertemente hasta tensar todo el hilo. El gigante, que no había visto el hilo porque estaba atado a una altura muy pequeña para él, tropezó al pasar por encima.

El gigante cayó de bruces y perdió el conocimiento por un momento. Tom, el sastrecillo, aprovechó ese momento para atarlo de arriba a abajo y poder mantenerlo sujeto para que no escapara. En cuanto el gigante volvió en sí se vio enredado entre hilos sin poder moverse.

Tom aprovechó que el gigante estaba indefenso para avisar al rey. No tardaron el rey y sus soldados en llegar al lugar donde estaba atado el gigante. “Has obedecido mi orden y ahora mereces tu recompensa. Cumpliré mi promesa”, le dijo el rey al sastrecillo.

“Esta es mi hija, la princesa, y te concedo su mano”, añadió el rey. Tom saludó a su futura esposa con todo respeto y cariño. Los dos jóvenes no tardaron en enamorarse y se casaron. El gigante fue capturado y encerrado en la mazmorra más grande del palacio.

EL CONEJITO VALIENTE

Papá y Mamá Conejo se sentaron en la mesa y estuvieron hablando muy seriamente. “Tenemos siete hijos y no nos alcanza para dar de comer a todos”, decían. El menor de los hermanos escuchaba la conversación acurrucado bajo la mesa. “Mañana los abandonaré en el bosque. Alguien cuidará de ellos”, dijo el padre.

A la mañana siguiente salieron todos hacia el bosque. Mosquito, que así se llamaba el pequeño, lleveba consigo una rebanada de pan y no dudó en desmigajarlo para ir señalando el camino. Así no se perderían y encontrarían el camino de regreso.

Pero en el bosque los pajarillos estaban tan hambrientos que se comieron todas las migajas que había echado Mosquito. Cuando el padre se fue para no regresar, los chicos no supieron encontrar el camino a casa. "¿Qué vamos a hacer ahora?", lloraban.

"¡No os preocupéis!", dijo Mosquito. "Los pájaros han borrado las señales pero podemos encontrar alguna cabaña donde pasar la noche!" Se subió a un árbol y entre los arbustos distinguió una cabaña a lo lejos. "¡Estamos salvados!", pensaron todos.

Se acercaron alegremente a la cabaña y tocaron la puerta. Les abrió una dulce mujer. “Nos hemos perdido y es de noche. ¿Puede ayudarnos?”, preguntaron los niños. La buena mujer se asustó al ver delante a siete niños. “Esta es la casa de un ogro que come a los niños, debéis iros cuanto antes”.

Al ver que los niños tenían hambre y estaban cansados decidió darles de comer. “Entrad antes de que venga el ogro y os encuentre aquí”. Los niños entraron en la cabaña y le dieron las gracias a la buena mujer. Pero también estaban aterrorizados por el ogro.

Después de cenar algo la mujer alojó a los niños en la buhardilla. “¡Aquí no os encontrará!”, les dijo. Pero el olfato del ogro hizo que descubriera a los niños escondidos en la buhardilla. “¡Aquí os quedaréis hasta mañana!”, dijo mientras los encerraba, pensando en el banquete que se daría al día siguiente.

Cuando el ogro se durmió la mujer subió a la buhardilla y mostró a los niños el modo de escapar de allí. Anudaron varias sábanas y colgándose por la ventana empezaron a bajar sigilosamente. “No hagáis ruido, que podéis despertar al ogro”.

Pero el ogro, que tenía un sueño muy ligero, oyó algo que le hizo sospechar. Subió rápidamente a la buhardilla y vio que los niños estaban escapando. "¡No podréis huir!", gritó mientras calzaba las botas mágicas. "¡Con estas botas os alcanzaré en un santiamén!"

Pero el ogro no pudo alcanzar a los niños tan rápido como había pensado. Había dormido poco y el sueño le venció. Se quedó dormido debajo de un árbol y los niños espiaban todos los movimientos del ogro. “Si le quitamos las botas no podrá seguirnos”, dijo Mosquito.

Sin que el ogro se diera cuenta le descalzaron y cuando despertó empezó a correr pensando que seguía teniendo las botas que le hacían correr y saltar más que nadie. Cuando llegó al precipicio y vio que al otro lado estaba Mosquito no dudó en saltar y cayó al vacío.

Aquellas botas mágicas sirvieron para que Mosquito encontrara la casa de sus padres y llevara a sus hermanos hasta allí. Utilizó las botas para recoger paquetes y mensajes y llevarlos de una zona a otra. Así ayudó a sus padres a mantener a toda la familia unida.

LA FLAUTA MÀGICA

Había una vez un pueblo que estaba lleno de ratas. Habían invadido todas las casas y rincones. No se amedrentaban con nada y solían asustar a todo aquel que se atreviera a hacerles frente. Los habitantes del pueblo ya no sabían qué hacer.

La situación había llegado al límite. El pregonero del pueblo leyó el edicto que había ordenado el alcalde: “Se hace saber a todos que se ofrecen 100 monedas de oro al que consiga acabar de una vez por todas con las inmundas ratas de este pueblo”.

A los pocos días apareció en el pueblo un pintoresco personaje. Era un gato que vestía grandes botas y un llamativo sombrero de pluma. "¡Yo conseguiré que las ratas desaparezcan y no vuevan jamás a este pueblo!", dijo el gato con orgullo.

Se dirigió a la plaza del pueblo
y empezó a tocar la flauta. Era una
melodía que atrajo a todas la ratas del
pueblo que le siguieron en masa.
Todos los habitantes del pueblo
observaban con asombro y
admiración la hazaña del gato
flautista. ¡Ya no verían más ratas!

El gato flautista se dirigió hacia el bosque sin dejar de tocar la melodía. En cuanto llegaron al riachuelo el gato no dudó en atravesarlo y las ratas le siguieron hasta las aguas del río. Aunque las aguas no eran profundas, las ratas terminaron ahogándose.

El gato flautista volvió al pueblo con intención de cobrar la recompensa. Se dirigió al alcalde a exigirle lo prometido pero éste, no quiso cumplir su palabra. “Este trabajo ha sido demasiado fácil para ti. No mereces cobrar ninguna recompensa”, le dijo el alcalde.

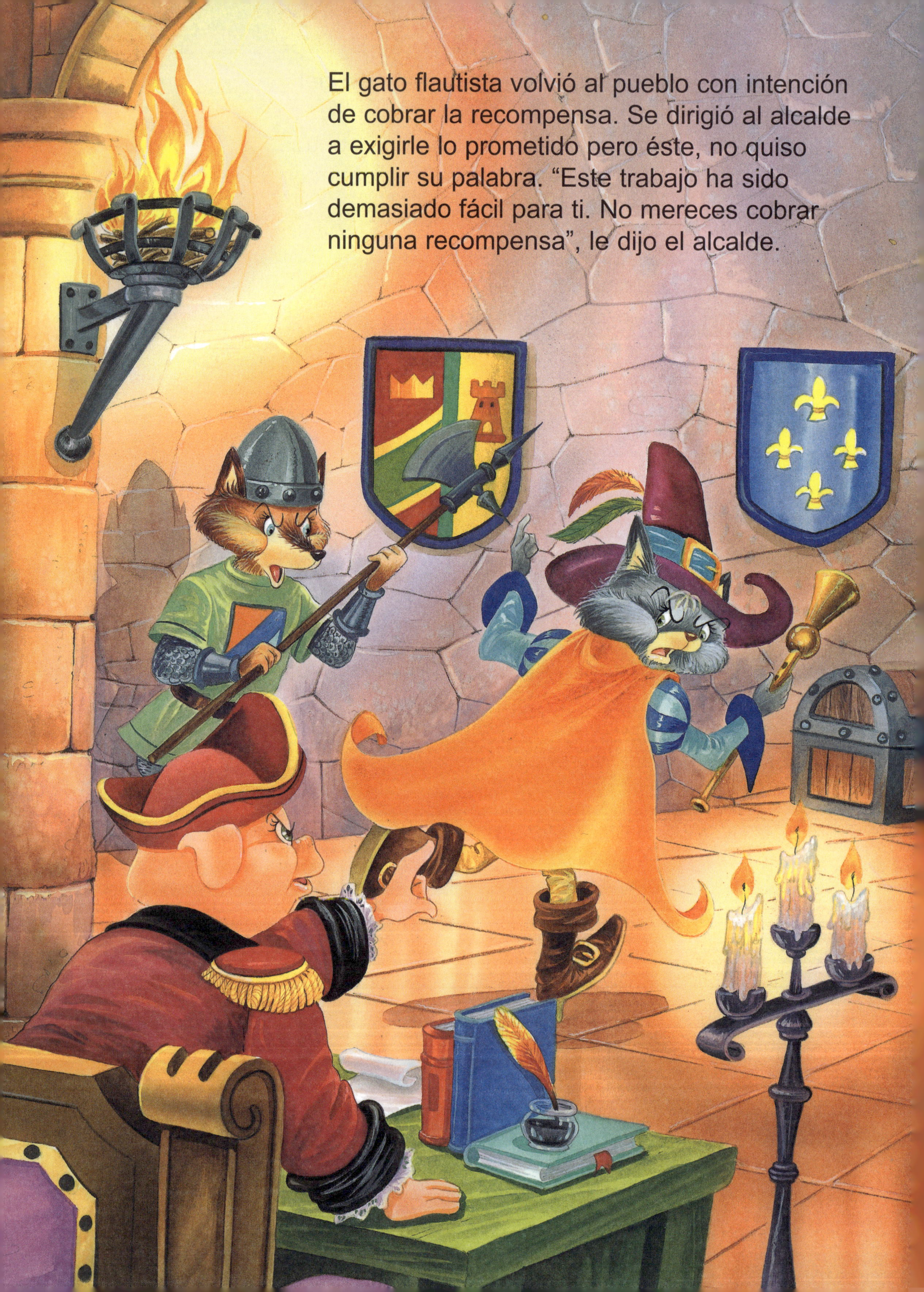

El gato se enfadó mucho al ver la reacción del alcalde. Sin pensárselo dos veces empezó a tocar de nuevo la faluta. La melodía que sonaba esta vez era alegre y divertida. Todos los niños del pueblo se unieron al gato flautista para seguir escuchando su música.

Todos los niños del pueblo siguieron al gato flautista. Salieron del pueblo ante el asombro de los mayores y se dirigieron hacia el monte. Llegaron ante una gruta y todos entraron por allí para llegar a un hermoso valle. La gruta se cerró tras los niños y nadie sabía cómo entrar.

Nadie volvió a saber nada de los niños y los habitantes del pueblo culparon al alcalde de aquella situación. “El alcalde no ha querido pagar la recompensa y esto es lo que recibimos a cambio”, decían todos mientras lanzaban tomates y berenjenas al alcalde y a los soldados.

Los padres obligaron al alcalde
a que fuera en busca del flautista
para que les devolviera a sus hijos.
“Siento no haber cumplido mi palabra”,
le dijo el alcalde al gato flautista,
“prometo pagarte el doble si vuelves
al pueblo con todos los niños”.

El gato accedió a la petición del alcalde. ¡Había conseguido darle una buena lección! No tardó en volver a abrir la gruta y de allí salieron todos los niños del pueblo gritando y saltando de alegría. Se dirigieron todos corriendo al pueblo a ver a sus padres.

El gato flautista llegó al pueblo tocando su melodía seguido de los niños. Todos saltaban y cantaban al son que tocaba la flauta. Los padres recibieron a sus hijos con los brazos abiertos. El gato recibió su recompensa y los habitantes del pueblo volvieron a ser felices

PERDIDOS EN EL BOSQUE

Un pobre leñador y su esposa estaban muy preocupados porque eran muy pobres y tenían dos hijos a los que alimentar. Lo único que les quedaba para cenar era un poco de sopa caliente y algo de pan. “¡No podemos seguir así!”, lloró la mujer. “Tienes razón”, le contestó el leñador.

A la mañana siguiente el leñador salió de casa con sus hijos. Iban al bosque a recoger leña para el fuego. La madre se despidió de sus hijos muy triste, porque sabía que iban a ser abandonados en medio del bosque. Así lo decidieron la noche anterior. “Alguien los recogerá”, pensaron.

Para los niños recoger leña era un juego. “¡A que soy más rápido que tú!”, decía Andrés, “¡Ya lo veremos!”, contestaba María. El padre los miró de reojo y añadió: “Me alejaré un poco, porque sé de un sitio donde hay más leña. Quedaos aquí. Volveré enseguida”.

Los niños se entretuvieron mientras esperaban a su padre. Pero pasaba el tiempo y no venía a buscarlos. Empezó a anochecer y sintieron miedo. “Encendamos un buen fuego para calentarnos”, dijeron, “Seguro que papá no tarda”, añadieron.

Al ver que su padre no venía los niños decidieron buscar cobijo para pasar la noche. Andrés se subió a la rama más robusta del árbol y vio a lo lejos una casita. “¡Sale humo de la chimenea! Seguro que hay alguien en aquella casa y nos dará de comer!”

En cuanto llegaron
a la casita se llevaron una enorme sorpresa.
¡Estaba hecha de dulces y de chocolate!
"¡Esto es maravilloso!", dijo María mientras
recogía todos los caramelos que estaban a su
alcance.De pronto se abrió una de las ventanas
y oyeron una ronca voz: "¿Quién anda por ahí?"

La dueña de la casa de chocolate resultó ser una malvada bruja. Agarró fuertemente a María y le dio un tirón de orejas a Andrés. “¿Cómo os atrevéis a robarme? ¡Ahora seréis mis esclavos!” Cerró la puerta de la casa y los niños no pudieron hacer nada.

“¡Tú serás mi cena!”, le dijo a Andrés mientras lo encerraba en una jaula. “Pero antes de comerte tendrás que engordar un poco. Así resultarás más apetitoso”, añadió la malvada bruja. María escuchaba aterrorizada a la bruja mientras fregaba el suelo.

Cada vez que la bruja se acercaba a la jaula para ver si Andrés había engordado un poco, el niño le mostraba un hueso de pollo. Como la bruja apenas veía se extrañaba mucho: “Este niño no para de comer y apenas engorda”, decía. Mientras, María aprovechó el descosido del bolsillo para robarle la llave a la bruja.

María liberó a su hermano que no tardó en decubrir el tesoro que tenía la bruja en la casa. Mientras Andrés cogía todo lo valioso de la casa María empujó a la malvada bruja con tanta fuerza que se cayó al puchero que tenía calentando al fuego.

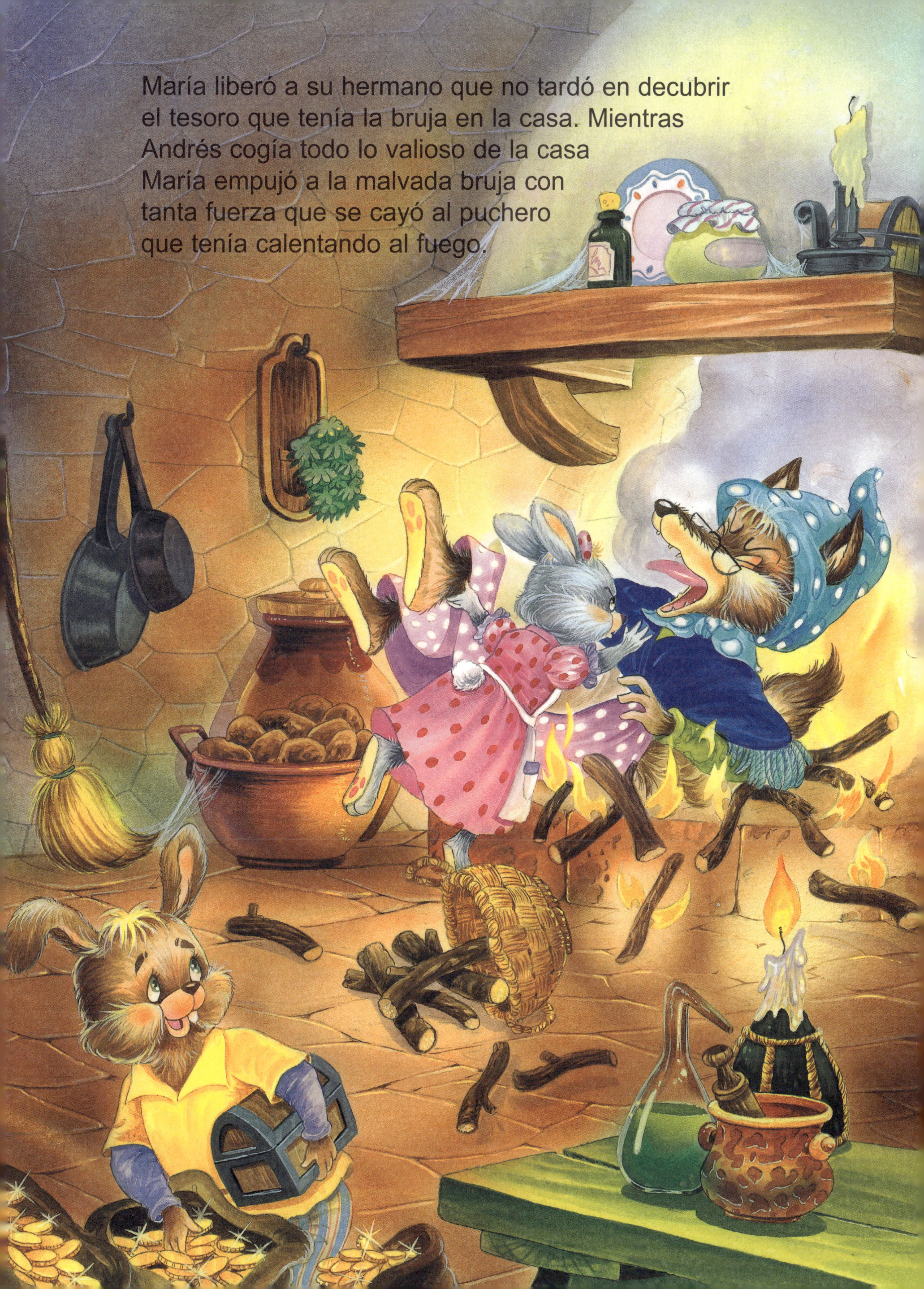

María y Andrés cogieron todo lo que pudieron y lo cargaron a sus espaldas. Salieron corriendo de la casa de la malvada bruja mientras escuchaban los grito de ella: “¡Socorro! ¡Hay fuego!” Corría tan deprisa que nadie supo hasta dónde se fue.

Los niños pudieron encontrar el camino de casa. Los padres, arrepentidos ya por haberlos abandonado en el bosque se alegraron mucho al ver a sus hijos. “¡Mirad lo que hemos traído!”, dijeron. El tesoro que trajeron de la casa de la malvada bruja les permitió vivir felices y tranquilos para siempre.